LA MÉTHODE KAIZEN

Améliorer ses performances de manière continue

Par Antoine Delers
Sous la direction de Brigitte Feys

50MINUTES.fr

LA MÉTHODE KAIZEN

- **Dénominations ?** Kaizen, amélioration continue ou amélioration incrémentale.
- **Usages ?** Utilisée principalement en entreprise, cette approche vise à améliorer la qualité des sorties (*outputs*) dans une chaîne de production, en réalisant des changements minimes dans la façon de travailler. Transposable également dans la vie quotidienne, elle permet des améliorations légères et peu coûteuses.
- **Raisons de son efficacité ?** Le Kaizen, qui peut impliquer tous les services et tous les collaborateurs d'une même société, prouve son efficacité, car il permet d'améliorer la productivité ainsi que la qualité des produits sortants, en réduisant, par exemple, les temps d'attente et en optimisant les processus de production. Enfin, plus largement, il améliore les conditions de travail dans l'entreprise.
- **Mots-clés ?**
  - Amélioration continue : concept rendu possible par l'usage d'outils et de méthodes toujours plus performants et davantage en

adéquation avec l'activité d'une société ; sans cesse revus et optimisés, ceux-ci sont à l'origine de petits changements et de nouvelles bonnes pratiques.

- *Lean Management* : méthode japonaise de gestion du travail visant à réduire le gaspillage (*muda*), la surcharge de travail engendrée par des processus inadaptés (*muri*) et la variabilité (*mura*) dans une société.
- Toyotisme : méthode générale d'organisation du travail japonaise visant à maximiser la qualité, à réduire les défauts et gaspillages et à initier une amélioration continue dans l'entreprise. Ce type d'organisation du travail englobe notamment le *Lean Management* et le Kaizen.

Le Kaizen est apparu au Japon durant les années cinquante, époque durant laquelle un ingénieur, Taiichi Ohno (1912-1990), invente le toyotisme, une organisation du travail basée sur la réduction des coûts conjointement à l'amélioration de la productivité et de la qualité du produit. Le toyotisme, dans sa pratique, donne naissance au système de production de Toyota (Toyota Production System, SPT), qui comprend une série d'outils pour atteindre les objectifs de qualité, de rentabilité et de réduction des coûts préalablement établis. Parmi ceux-ci, on compte notamment le célèbre concept « juste à temps » (JAT ou JIT) ainsi que l'approche du Kaizen.

DÉFINITION DU MODÈLE

Le Kaizen est une approche d'amélioration continue applicable dans une chaîne de fabrication. Contraction des mots japonais *Kai*, signifiant « changement », et *Zen*, c'est-à-dire « bon » ou « meilleur », le Kaizen repose sur une adaptation incessante des outils et procédures existants pour améliorer le rendement final. Cette démarche, qui nécessite la participation de tous les employés et managers, est davantage considérée comme un état d'esprit qu'une véritable méthode. Elle englobe différents autres outils à utiliser conjointement, tels que le PCDA, TQM ou encore le SMED.

D'origine orientale, le Kaizen est en rupture par rapport au système occidental, dans le sens où l'on ne vise que de petites améliorations et non des innovations profondes. Les changements apportés sont minimes et continus, et ne requièrent donc pas un investissement conséquent. Enfin, la démarche s'inscrit principalement dans la culture d'appartenance propre aux entreprises japonaises où chaque collaborateur (du directeur à l'ouvrier) met un point d'honneur à réaliser le plus parfaitement possible son travail et donc à l'améliorer sans cesse ; cette conception du travail a concouru à l'énorme succès de l'entreprise Toyota.

THÉORIE – PRÉSENTATION DU CONCEPT KAIZEN

LES ORIGINES DU MODÈLE

À la fin de la Seconde Guerre mondiale (1939-1945), le Japon se retrouve dévasté et son économie ruinée. Son système, qui était autrefois basé sur la conquête territoriale et la puissance de son armée, n'a désormais plus lieu d'être. C'est par le biais de la production que le Japon décide de relancer son économie.

Un ingénieur de l'époque, Taiichi Ohno, propose alors une nouvelle méthode d'organisation du travail, l'ohnisme, également appelé le toyotisme – en raison de son utilisation dans l'entreprise éponyme –, et en définit les bases. Ce système est considéré comme un perfectionnement du taylorisme et du fordisme, deux organisations du travail américaines, qui prônent l'amélioration plutôt que l'innovation.

Le Kaizen tire son originalité de l'implication générale de l'ensemble de la société, depuis les employés jusqu'aux procédures nécessaires à la production des produits. Chaque membre doit ainsi participer à la mise en place des éléments visant à améliorer l'entreprise, qui ont été définis au préalable. Le Kaizen passe bien souvent par l'autonomisation de petits groupes de travailleurs qui se réunissent afin de détecter les problèmes récurrents et de chercher les solutions à y apporter. Il propose également de mettre en place des « boîtes à idées » (par exemple une boîte aux lettres placée dans l'usine) pour permettre aux employés de donner leurs avis, de souligner les différents problèmes existants et même de proposer des solutions. Si une idée est jugée pertinente, elle fait l'objet d'un projet confié à une équipe en charge d'implémenter les nouvelles pratiques.

Enfin, il faut retenir que, comme l'indique la traduction, le Kaizen doit se répéter continuellement afin de bien fonctionner. Ne nécessitant pas de grands moyens, il ne produit en effet que de petites améliorations qui, optimisées au fil des années, permettent de maintenir une bonne compétitivité dans l'entreprise ainsi qu'une quête d'amélioration continue.

Le Kaizen Institute

Le Kaizen Institute est une entreprise de consultance en méthodologie Kaizen fondée au milieu des années quatre-vingt ; elle aide et suit les entreprises désireuses d'améliorer leurs performances. Elle accompagne ainsi ses clients dans ses chantiers d'amélioration continue, tout en développant et en publiant parallèlement de nouveaux aspects de la méthode.

LES APPLICATIONS EN ENTREPRISE

Dès lors que l'application du Kaizen se réalise par groupes de travail, il s'agit d'un véritable projet d'équipe : des boîtes à suggestion ainsi que des réunions hebdomadaires sont mises en place, et la méthode propose également de créer des récompenses à octroyer aux employés qui présentent les meilleures idées. Il faut toutefois garder à l'esprit que le Kaizen n'est pas une méthode à elle toute seule dans la mesure où elle doit être combinée à d'autres outils pour fonctionner.

Le Kaizen est utilisé en :

- **gestion de la qualité.** Celle-ci vise à se focaliser sur l'amélioration de la qualité dans une chaîne de production, indispensable pour devancer ses concurrents et fidéliser sa clientèle. Dans le modèle de qualité totale, ou *Total Quality Management* (TQM), utilisé par l'approche Kaizen, tous les employés sont impliqués afin d'approcher la qualité parfaite, ce qu'on appelle le zéro défaut. Ils cherchent à perfectionner continuellement leurs outputs, et ce même si l'outil originel est déjà performant ;

QU'EST-CE QUE LE ZÉRO DÉFAUT ?

Le zéro défaut est un concept issu du toyotisme, qui prône un produit de qualité totale, sans aucun défaut. Dans les faits, le zéro défaut n'est jamais complètement atteignable, cependant le véritable objectif est d'installer une culture telle que les collaborateurs cherchent constamment un moyen de s'approcher de la perfection. Ce concept fait lui-même partie d'un autre plus large : les 5 zéros qui comprend le zéro délai, le zéro papier, le zéro stock, le zéro défaut et le zéro panne.

- **amélioration de la productivité**. La deuxième application du Kaizen se situe au niveau de la hausse de la productivité. Une chaîne de fabrication peut ainsi être encombrée à différents endroits, contenir des postes non productifs ou encore des lignes de fabrication trop lentes. Plusieurs outils peuvent être envisagés dans ce cas. Le SMED (*Single Minute Exchange of Dies*), issu du toyotisme, est l'un d'eux : il cherche à réduire le temps de changement du calibrage et des outils pour la fabrication d'un autre produit. Cela induit une approche Kaizen, car l'amélioration de la productivité passe par une réflexion commune et profonde des équipes, afin d'analyser et de rationaliser les opérations de ce type. On peut également utiliser un autre outil, le « Juste à temps » (JAT) ou *Just-In-Time* (JIT). Avec cette méthode, chaque produit non fini doit être achevé et chaque pièce arriver au bon moment et au bon endroit dans la chaîne de fabrication, ce qui permet de ne plus connaître des arrêts de fabrication en cas d'absence de pièces et d'éviter qu'il n'y ait de trop gros stocks de pièces en attente de fabrication ;

- **amélioration des conditions de travail.** Le Kaizen permet d'améliorer les conditions de travail des ouvriers et des employés, en optimisant notamment leur environnement professionnel. C'est une application étroitement liée aux précédentes, car les changements en rapport avec les postes de travail influencent – et améliorent – souvent la productivité et/ou la qualité. En outre, œuvrer en ce sens permet notamment de motiver au mieux les équipes et de réduire les risques d'accident. La méthode des 5S, également issue du toyotisme, répond à cette préoccupation, car elle peut s'appliquer directement sur le lieu de travail des employés et des ouvriers : *Seiri* (« trier »), *Seiton* (« ranger »), *Seiso* (« nettoyer »), *Seiketsu* (« ordonner ») et *Shitsuke* (« être rigoureux ») ;

- **réduction des coûts.** Enfin, la dernière application du Kaizen concerne la réduction des coûts de fabrication. Elle découle des améliorations apportées dans le cadre de l'une des trois premières applications précédemment développées.

AVANTAGES DE LA PHILOSOPHIE DU KAIZEN

Les avantages sont nombreux. Outre ceux précédemment exposés qui constituent l'essence même de l'approche du Kaizen, à savoir une amélioration de la qualité, de la productivité et des conditions de travail, on peut lui trouver d'autres points forts.

- L'utilisation du Kaizen permet de réaliser des changements en douceur au sein des équipes. Les membres d'une société ne subissent ainsi pas de trop fortes pressions liées aux changements, puisque l'initiative de ces modifications en question provient en majeure partie des opérateurs eux-mêmes. Celles-ci sont par conséquent plus facilement acceptées et les employés/ouvriers, se sentant reconnus, sont davantage motivés à les mettre en pratique.
- Les améliorations effectuées au niveau des postes de travail augmentent la motivation des équipes visées. Ce nouveau souffle d'enthousiasme peut être injecté dans une

nouvelle session de réflexion d'amélioration Kaizen. Rappelons que la philosophie Kaizen induit une amélioration dite « continue », ce qui nécessite que des réflexions en vue de perfectionner le processus et le produit soient menées chaque jour.

- Le Kaizen fournit des résultats rapidement. Les équipes, qui testent directement les petites améliorations, en vérifient la pertinence au plus vite, afin que le risque d'implémentation d'une nouvelle machine ou d'un nouveau logiciel soit très faible.
- Le Kaizen permet enfin de répondre à la concurrence et donc à la demande de compétitivité des entreprises, et cela, sans user de grands moyens ni d'investissements faramineux.

> « To improve is to change; to be perfect is to change often » (Winston Churchill)
> (« Changer, c'est s'améliorer ; changer souvent, c'est être parfait »[1].)

---

1. La traduction est nôtre.

MISE EN PRATIQUE DU KAIZEN

Regroupées sous l'appellation de « chantier Kaizen » ou de « projet Kaizen », les différentes phases d'implémentation de la démarche sont rendues possibles par l'utilisation d'outils liés au Kaizen et issus du système de production de Toyota (SPT). Si la plupart d'entre eux ont déjà été présentés, d'autres viendront étoffer la mise en place du chantier proposé ci-dessous, en plus de quelques recommandations importantes.

Les quatre étapes de développement

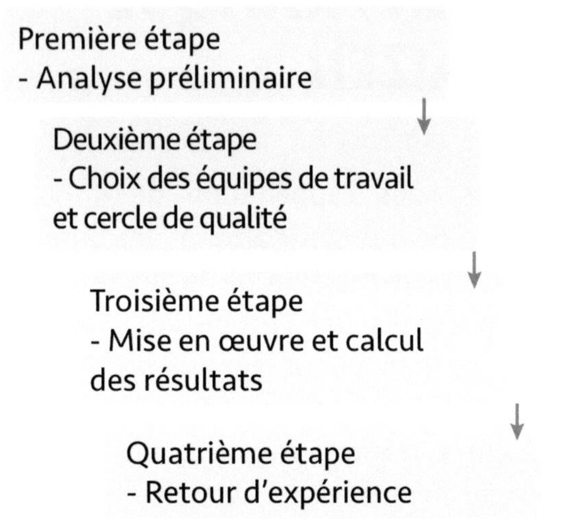

Un chantier Kaizen est un cycle d'amélioration unique et très court à répéter continuellement une fois celui-ci terminé. La durée peut varier de quelques jours à un mois de travail ; elle dépend de la complexité des améliorations recherchées et des mises en œuvre. C'est pourquoi chaque chantier doit rapidement succéder à un autre – et éventuellement avoir lieu en même temps.

PREMIÈRE ÉTAPE : L'ANALYSE PRÉLIMINAIRE

Dans cette première étape, une analyse préliminaire de la situation est réalisée. Elle a pour objectif la mise en lumière des points à améliorer. Il peut bien entendu s'agir de problèmes décelés précédemment, mais pas uniquement ; en effet le Kaizen se concentre sur l'optimisation des procédures mêmes si celles-ci fonctionnent *a priori* correctement, le but étant d'être plus performant encore. Afin d'identifier les causes qui empêchent les membres des équipes d'atteindre une qualité zéro défaut, il peut être pertinent d'utiliser le diagramme d'Ishikawa, qui se présente comme suit :

Le diagramme d'Ishikawa

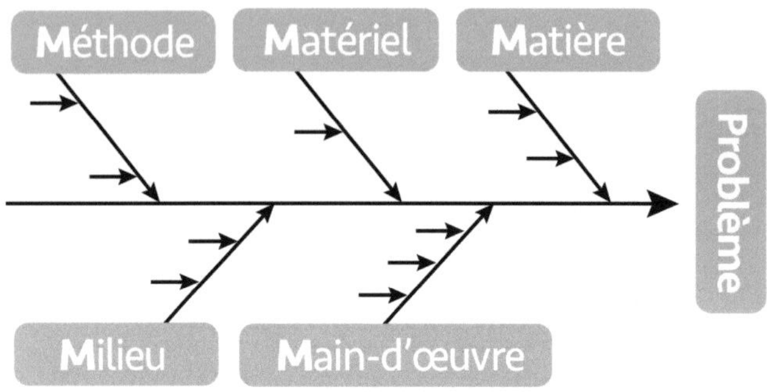

LE DIAGRAMME D'ISHIKAWA

Le diagramme d'Ishikawa, aussi appelé « diagramme de cause à effet », « méthode 5M » ou encore « diagramme en arêtes de poisson », est un outil de gestion de qualité introduit par Kaoru Ishikawa peu après la Seconde Guerre mondiale. Il présente graphiquement les causes à l'origine du problème (effet) en cinq branches : matière, matériel, méthode, main-d'œuvre et milieu.

Suite à l'identification des causes et des points d'amélioration, il faut réaliser un relevé détaillé de la situation actuelle (au moyen de mesures, de références chiffrées, etc.) afin de pouvoir le comparer avec les résultats obtenus après le changement. Vérifier que les améliorations apportées aux procédures sont fructueuses, même si le gain peut être parfois minime, est en effet très important. Selon l'objectif poursuivi, on mesurera :

- **la durée d'une procédure.** Dans ce cas, cela peut être le temps de fabrication d'un produit ou le délai de livraison d'un article ou d'un service (par exemple un repas au restaurant) qui est étudié ;
- **les quantités produites**. On s'intéresse ici au nombre de produits fabriqués. Cette mesure est calculée par intervalles de temps bien définis ;
- **le taux de satisfaction.** Que ce soit celui des employés dans leur travail, des clients par rapport à leurs commandes ou de tout autre intervenant au niveau du processus, on mesure la satisfaction avant et après le chantier Kaizen ;

- **les rebuts.** Il s'agit du taux de gaspillage et du nombre de produits jetés (produits qui présentent des défauts de conception, qui sont périmés ou qui ont été abîmés durant la conception) ;
- **le coût.** On analyse ici notamment le prix de revient d'un produit.

Enfin, un plan opérationnel du chantier Kaizen est mis en place. Vu le court intervalle de temps qui sépare le début de la fin du Kaizen – puisqu'il doit se faire relativement rapidement –, cette activité peut être réduite au minimum (dans un ou plusieurs départements ou lignes de production de l'entreprise). Cela peut être comparé avec les méthodes de développement et de gestion de projets agiles qui consistent en une succession de cycles très courts et se suivant de façon rapprochée, et qui laissent entrevoir rapidement les résultats intermédiaires. Dès lors, certaines étapes du chantier, comme l'élaboration détaillée du plan Kaizen, peuvent être perçues comme étant superflues et trop consommatrices en temps pour les utiliser.

DEUXIÈME ÉTAPE : LE CHOIX DES ÉQUIPES DE TRAVAIL ET CERCLES DE QUALITÉ

La deuxième étape d'un chantier Kaizen vise à former et à préparer les équipes qui interviendront sur le projet. Si l'ensemble des collaborateurs doit être un minimum impliqué durant l'amélioration, délimiter une équipe de projet responsable du bon déroulement du chantier est primordial.

La philosophie du Kaizen suppose que les employés et les ouvriers qui travaillent directement sur la chaîne et le produit participent au chantier, puisque ce sont les membres les plus impliqués qui connaissent souvent le mieux les tenants et aboutissants de leur travail. Parce que ces personnes sont les plus à même de trouver des idées d'amélioration, elles atteindront efficacement les objectifs du Kaizen, à savoir trouver rapidement des moyens de perfectionnement pour engendrer le moins de coûts possible. Certains préféreront faire appel à des équipes de consultants et d'ingénieurs externes pour gagner en efficacité, mais cela ne correspond absolument pas à la mentalité du Kaizen.

Une équipe de projet est ainsi désignée et formée à la gestion du personnel ainsi qu'à la gestion du changement. Elle sera chargée de mener à bien le projet Kaizen en organisant notamment des cercles de qualité, c'est-à-dire des groupes d'employés ou d'ouvriers qui se réunissent lors d'un brainstorming pour débattre et proposer des idées d'amélioration des procédures. À cet égard, une carte heuristique (*Mind Map* en anglais) peut être utilisée pour traduire graphiquement et simplement les pistes de réflexion et les solutions proposées.

TROISIÈME ÉTAPE : LA MISE EN ŒUVRE ET LE CALCUL DES RÉSULTATS

La troisième étape correspond à la concrétisation du projet Kaizen. Les équipes apportent directement les changements nécessaires aux améliorations attendues dans les procédures. Comme les deux premières, cette étape est très rapide, car il s'agit bien souvent de petites modifications ciblées.

S'en suit une réévaluation des mesures précédemment recueillies (lors de la première étape). Il est en effet important de mesurer l'évolution et l'impact des changements, pour éventuellement recalibrer ceux-ci. Un tableau des évolutions peut être établi afin de comparer aisément les résultats des changements implantés avec ce qui avait été initialement planifié.

QUATRIÈME ÉTAPE : LE RETOUR D'EXPÉRIENCE

Une fois les améliorations apportées vient le temps du retour d'expérience. L'équipe, qui se réunit à nouveau, dresse le bilan global à partir des résultats observés. Il faut également être attentif à deux autres points cruciaux :

- **la récompense pour le meilleur collaborateur.** Il est important de désigner et de féliciter les employés/ouvriers qui auront apporté les meilleures contributions. L'idée est d'encourager les équipes à se replonger dans le cycle Kaizen en les incitant à se surpasser continuellement à la fois pour améliorer le travail mais aussi pour se sentir valorisés au niveau professionnel ;

- **le suivi du changement ou *Change Management.*** L'équipe en charge du bon déroulement du projet doit communiquer et accompagner les employés/ouvriers afin que ces derniers puissent disposer de tous les éléments pour que l'implémentation soit une réussite.

LE *CHANGE MANAGEMENT*

Le *Change Management*, ou « suivi du changement », englobe toutes les pratiques managériales qui permettent le suivi et la communication des changements optimaux au sein d'une société, et ce à tous les niveaux hiérarchiques. Cet accompagnement est primordial pour faire accepter à chacun les nouveautés. Il faut toutefois rappeler que dans le cas du Kaizen, ce sont les équipes elles-mêmes qui ont participé aux améliorations ; celles-ci seront donc d'autant plus facilement acceptées.

LES OUTILS ET MÉTHODES LES PLUS UTILISÉS DANS L'APPROCHE KAIZEN

Il existe de nombreux outils et méthodes utilisables avec l'approche Kaizen. Nous nous limiterons ici à ceux issus du toyotisme en général.

- **Le SMED** (*Single Minute Exchange of Dies*), l'outil d'analyse des changements de calibrage ou d'outils, est un concept permettant d'étudier le temps de changement des outils pour chaque production en le limitant au maximum à moins de 10 minutes (le terme *Single Minute* n'est pas traduisible comme une seule minute, mais doit plutôt être compris comme « un laps de temps en minutes composé d'un seul chiffre », soit entre une et neuf minutes). L'objectif poursuivi est la fabrication de différents produits ou matières – aux caractéristiques différentes, notamment au niveau de la taille –, tout en continuant à utiliser la même machine qui sera donc recalibrée.
- **La méthode des 5S,** comprenant les actions *Seiri* (« trier »), *Seiton* (« ranger »), *Seiso* (« nettoyer »), *Seiketsu* (« ordonner ») et enfin *Shitsuke* (« être rigoureux »), permet une

gestion optimale des ateliers, des espaces de travail et du repos des collaborateurs. Il est ici question d'organiser au mieux les milieux professionnels afin d'améliorer les conditions de travail des équipes.

- **Le Kanban** est un terme d'origine japonaise désignant une étiquette placée sur un lot de pièces dans une chaîne de production qui revient à son point de départ une fois l'ensemble des pièces utilisé. Il s'agit d'un outil dont on fait usage dans une production en flux « tiré » ; autrement dit une production tantôt en attente tantôt réamorcée (« quand elle se fait tirer »), grâce au Kanban, une fois toutes les pièces précédemment envoyées utilisées.
- **Le PDCA**, pour *Plan* (« planifier »), *Do* (« mettre en œuvre »), Check (« contrôler ») et enfin *Act* (« ajuster »), est une méthode d'amélioration de la qualité en cycle, comme le Kaizen.
- **Le TQM (*Total Quality Management*)** est un concept de gestion de qualité qui vise à impliquer l'ensemble des membres d'une société dans la recherche de qualité, en évitant les gaspillages et rebuts afin d'arriver au zéro défaut.
- **Le TPM (*Total Productive Maintenance*)** est

une méthode de gestion proactive des outils de travail dans une chaîne de fabrication qui suggère que les travailleurs anticipent et règlent eux-mêmes les problèmes liés aux machines qu'ils utilisent.

- **Le JIT ou JAT (*Just-In-Time* ou Juste à temps)** est une méthode de gestion de production qui favorise une organisation telle qu'aucune pièce (nécessaire à la fabrication d'un futur produit) n'est stockée à l'avance, mais que chacune d'elles arrive sur le lieu de conception au bon endroit et au bon moment, à savoir celui de son utilisation quasi immédiate. Cette technique, notamment combinable avec celle du Kanban, permet de réduire les stocks, car la production ne démarre que lorsque la demande est lancée.
- **Les 5 zéros** est un concept de gestion de la qualité issu du toyotisme. Il prône la qualité totale au sein d'une chaîne de production (zéro délai, zéro papier, zéro stock, zéro panne et zéro défaut).

RECOMMANDATIONS

- Puisqu'il s'agit d'une démarche continue, il est recommandé de ne pas s'arrêter après les premiers changements effectués, mais bien de remettre sans cesse en cause les procédures établies.

- Puisque tous les employés doivent prendre part aux projets d'amélioration continue, le management doit s'assurer de leur motivation. Celle-ci dépend notamment de la culture d'entreprise, aussi faut-il s'assurer d'un suivi attentif des employés, aussi bien par les responsables hiérarchiques que par le département des ressources humaines.
- Puisque les managers et les équipes de projet doivent s'assurer de la participation et de la motivation de tous, il est nécessaire qu'ils soient formés au Kaizen, à la gestion d'équipes ainsi qu'à la gestion des discussions de groupe et au fonctionnement des cercles de qualité.
- Puisqu'il est important de se fixer des objectifs clairs et atteignables, il est nécessaire de les mesurer rigoureusement avant et après le changement.
- Puisque le but est de maximiser le résultat, il peut être intéressant d'impliquer des travailleurs ayant différentes compétences, afin que chacun enrichisse la discussion en partageant sa propre expertise.

ÉTUDE DE CAS – LE DÉLICE DE TOKYO

Notre étude porte sur un restaurant japonais établi dans le centre-ville, Le Délice de Tokyo. Il s'agit d'une petite enseigne familiale, où règne un esprit nippon paisible, qui propose des repas à consommer sur place ou à emporter. Ouvert depuis plusieurs années, le restaurant ne souffre pas de réels problèmes financiers, mais connaît quelques difficultés récurrentes, notamment dans les cuisines. Certains commis ne sont pas pleinement satisfaits de leur travail et se plaignent entre autres de la mauvaise ambiance sur place. Pour régler ce problème, rien n'a encore été entrepris, les gérants considérant que tous les restaurants connaissent ce type de problèmes. Le fils des gérants, qui aspire à reprendre le restaurant dans quelques années, désire quant à lui enrayer les problèmes et améliorer le fonctionnement de l'établissement au plus vite.

Le Kaizen est parfaitement adapté à cette situation, puisqu'il s'agit de corriger quelques petits problèmes existant au sein d'une entreprise familiale qui tourne bien dans l'ensemble.

Première étape : l'analyse préliminaire du Délice de Tokyo

Commençons par étudier les problèmes que rencontre l'établissement. Grâce au diagramme d'Ishikawa, les gérants parviennent à discerner les causes et à les catégoriser comme suit :

Diagramme d'Ishikawa des problèmes du *Délice de Tokyo*

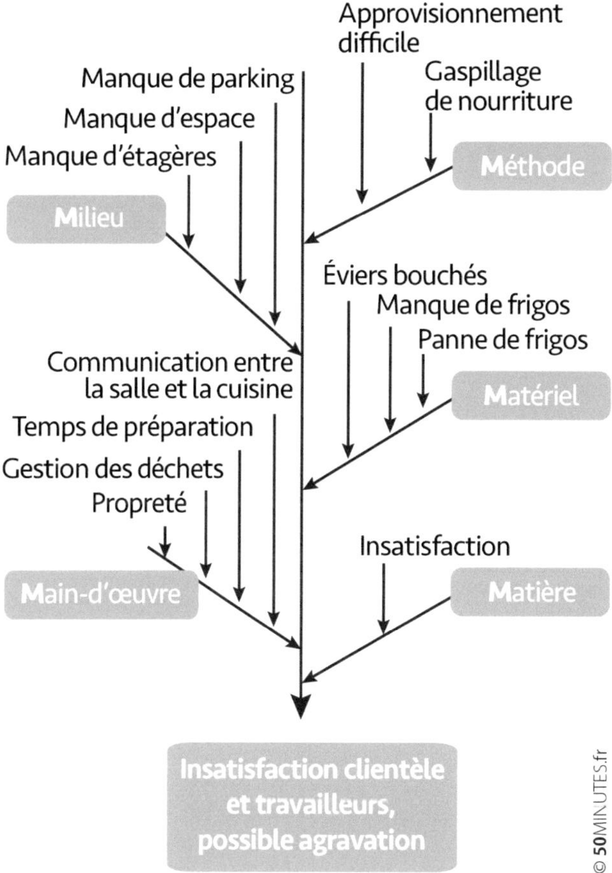

Une fois les principaux problèmes identifiés, le chantier Kaizen peut être lancé. Les gérants espèrent régler un maximum d'entre eux, en vue d'augmenter la satisfaction des employés, qui a un impact sur la satisfaction des clients. En effet, le manque de place (identifié lors de l'élaboration du diagramme d'Ishikawa) provoque par exemple des encombrements en cuisine, qui provoquent eux-mêmes des attentes en salle. L'équipe de serveurs est obligée de temporiser les retards auprès de la clientèle, ce qui fait régulièrement monter la tension générale.

La deuxième étape consiste à mesurer, de façon quantitative et qualitative, les problèmes actuellement rencontrés pour pouvoir comparer plus tard les données. Tous ne sont pas visés ici, le problème des éviers bouchés ne pouvant par exemple bien entendu pas être mesuré.

Tableau des problèmes actuels

Problème rencontré	Type de mesure	État avant Kaizen	État après Kaizen
Approvisionnement	Durée de livraison	3 jours	/
Insatisfaction des employés	Taux de satisfaction	40 %	/
Insatisfaction des clients	Taux de satisfaction	80 %	/
Durée de préparation des repas	Temps de préparation	14 minutes	/

Enfin, il faut réaliser un plan opérationnel du chantier Kaizen. Il est ici limité à une semaine :

- **jour 1** : analyse préliminaire, calcul des temps d'approvisionnement et de préparation des menus, enquêtes de satisfaction auprès de la clientèle et des employés ;
- **jour 2** : formation du cercle de qualité, brainstorming pour dégager les principales idées d'amélioration ;
- **jour 3** : mise en place des améliorations et calcul des premiers résultats ;
- **jour 4** : mise en place des améliorations et calcul des résultats ;
- **jour 5** : fin de la mise en place des améliorations et calcul des résultats finaux. Débriefing de la semaine, récompense du meilleur employé et retour d'expérience.

Deuxième étape : le choix des équipes et cercles de qualité

La deuxième étape concerne le choix des équipes de travail. En temps normal, le restaurant ne compte que les deux gérants, bien souvent occupés aux fourneaux, deux commis de cuisine ainsi que deux serveurs en salle. Le fils du gérant, quant à lui, s'occupe de la caisse, des commandes et des repas à emporter. Puisque tout le monde est impliqué, ils se réunissent dans un seul et même cercle de qualité. Le jeune homme ambitieux, ayant initié le projet, se forme à la technique du Kaizen afin que ce chantier se passe pour le mieux.

Après un brainstorming intensif, l'équipe parvient finalement à dégager un ensemble de dispositions à prendre pour améliorer la situation. Tous les problèmes ne sont malheureusement pas résolus, mais ce n'est que postposé au prochain chantier Kaizen. Ci-dessous la liste des solutions proposées, classifiées selon les catégories du diagramme d'Ishikawa.

Tableau des problèmes et de leurs solutions

Problème		Mesure prise pour le résoudre
Matière	Gaspillage de nourriture	Utilisation d'un panneau de gestion des stocks existants afin de ne plus recommander ce qui existe déjà.
	Approvisionnement difficile	[Reporté au prochain Kaizen]
Milieu	Manque d'étagères	Utilisation de la méthode des 5S pour réorganiser les étagères existantes, rajout d'étagères murales.
	Manque d'espace	[Reporté au prochain Kaizen]
	Manque de parking clientèle	[Reporté au prochain Kaizen]

	Problème	Mesure prise pour le résoudre
Matériel	Panne de frigos	Méthode TPM de maintenance productive totale : les commis de cuisine se chargent d'entretenir, de dégivrer et de nettoyer les frigos régulièrement.
	Manque de frigos	Méthode des 5S utilisée, rangement plus efficace des frigos, ainsi que *Just-In-Time* organisé pour certaines denrées afin d'éviter de trop gros stocks.
	Éviers bouchés	Rajout d'un filtre à nourriture et utilisation méthode TPM de maintenance productive totale : les commis de cuisine vont nettoyer préventivement les éviers à intervalles réguliers.

Problème		Mesure prise pour le résoudre
Main-d'œuvre	Insatisfaction des employés	Les gérants misent sur la résolution des autres problèmes pour augmenter les taux de satisfaction de leur équipe.
Méthode	Communication entre cuisine et salle	Intervertir les équipes entre elles afin qu'elles puissent se mettre à la place des autres et comprendre leurs problèmes.
	Temps de préparation	Profiter des heures creuses pour préparer une partie des repas les plus demandés.
	Gestion des déchets	[Reporté au prochain Kaizen]
	Propreté	Méthode des 5S utilisée pour promouvoir le nettoyage continuel des espaces de travail.

Troisième étape : la mise en œuvre et le calcul des résultats

La troisième étape est le noyau du projet. Une fois les améliorations à apporter ciblées, il ne reste plus qu'à les appliquer. Puisqu'il s'agit de petits changements incrémentaux, et non d'innovations profondes, trois jours de mise en place suffiront amplement.

Arrive alors enfin le temps du calcul des résultats. La récolte des données peut prendre quelques jours. Pour simplifier la démarche, un tableau récapitulatif des résultats observés est présenté dans cette partie.

Tableau des problèmes après le chantier Kaizen

Problème rencontré	Type de mesure	État avant Kaizen	État après Kaizen
Approvi-sionnement	Durée de livraison	3 jours	3 jours
Insatisfaction des employés	Taux de satisfac-tion	40 %	70 %
Insatisfaction des clients	Taux de satisfac-tion	80 %	82 %
Durée de préparation des repas	Temps de prépara-tion	14 minutes	13 minutes

Quatrième étape : le débriefing et le retour d'expérience

Enfin, Le Délice de Tokyo entame la quatrième et dernière étape de son chantier Kaizen : le débriefing de la semaine. Les résultats démontrent que la satisfaction des employés a augmenté de 30 %. Rappelons-le, il s'agit là d'un des objectifs principaux de l'approche Kaizen. Les restaurateurs ont dû laisser quelques points d'amélioration de côté, mais ceux-ci feront plus tard l'objet d'un autre chantier. On peut donc espérer que ce restaurant se lancera au plus vite dans un nouveau cycle d'amélioration afin d'améliorer continuellement ses services.

Notons toutefois que, dans cet exemple, le cycle de changement ainsi que la portée des améliorations étant relativement peu importants, il n'a fallu mettre en place aucun accompagnement des travailleurs. Il est toutefois important de féliciter chacun d'entre eux et de remercier l'équipe pour son implication. Comme déjà évoquée, la motivation induite sera nécessaire pour la réussite des prochains cycles de Kaizen.

Conclusion

Comme nous l'avons vu, le Kaizen peut s'appliquer à un exemple très simple comme celui que nous avons choisi. S'il s'agit en effet d'une méthode qui trouve son application dans la plupart des entreprises, il faut toutefois rappeler que la culture d'entreprise participe amplement à la réussite d'un chantier Kaizen.

Alors que les problèmes rencontrés étaient assez généraux et auraient pu être synthétisés en un seul problème global de satisfaction des employés du restaurant, le diagramme d'Ishikawa a permis d'identifier les différentes facettes du problème : en mettant en évidence les causes et surtout en les présentant clairement, cette démarche a constitué une bonne base de travail. À cela s'ajoute un impératif de suivi des étapes tout au long du chantier pour que celui-ci se passe au mieux. S'il reste, après l'élaboration d'un premier chantier Kaizen, plusieurs points d'amélioration non traités, il est tout à fait possible d'imaginer des solutions adéquates lors d'un prochain Kaizen. Dans le cas du manque de place en cuisine que rencontrait Le Délice de Tokyo, il pourrait par exemple être bon de réorganiser les emplacements de chacun afin d'éviter que les employés ne se marchent sur les pieds. L'important est de garder en tête que l'amélioration doit être continue.

LIMITES DU MODÈLE ET EXTENSIONS

PRINCIPALES CRITIQUES À L'ENCONTRE DE LA PHILOSOPHIE KAIZEN

Le Kaizen bien que présentant d'indéniables avantages connaît plusieurs critiques. Le principal reproche fait à cette démarche qui favorise l'amélioration plutôt que l'innovation est qu'elle ne résout pas tous les problèmes : parfaire constamment un produit en repartant de ce qui a déjà été fait et modifié ne permet fatalement pas de tout corriger. Il est parfois nécessaire de tout reprendre à zéro et de concevoir à nouveau l'ensemble du processus afin de pouvoir travailler sur une base saine.

Parmi les autres critiques formulées à l'encontre de cette approche, on retrouve notamment celles-ci :

- alors que le Kaizen permet des améliorations en douceur, il faut pourtant se méfier des changements « trop » en douceur. Si une société en est retard (au niveau des produits ou des services qu'elle propose) par rapport à ses concurrents, de petites améliorations continuelles ne seront certainement pas suffisantes pour regagner rapidement des parts de marché. Si un concurrent lance par exemple un tout nouveau type de produit révolutionnaire, il sera sans doute difficile d'appliquer le Kaizen à des produits devenus alors, *de facto*, obsolètes, pour les rendre à nouveau compétitifs ;
- la démarche nécessite une forte motivation et donc l'entière participation des personnes concernées. Au Japon, le concept de culture d'entreprise est nettement plus développé à ce niveau, et le rapport entre employés et direction est strict et formel. L'engagement des collaborateurs y est spontané, ce qui explique pourquoi ce concept est une réussite là-bas. Ce principe oriental n'est donc pas toujours applicable en Occident. S'il doit l'être, un programme de motivation par récompense peut dès lors s'avérer nécessaire pour assurer la réussite du chantier Kaizen ;

- enfin, le Kaizen peut être contesté du point de vue éthique, s'il est appliqué de façon inéquitable. La mise en place du Kaizen dans une entreprise peut, grâce à l'amélioration de la chaîne de production, de la hausse de la productivité induite et de la compétitivité, occasionner des réorganisations internes (licenciement d'employés, etc.). On parle alors de partage inéquitable des gains du Kaizen. Logiquement si une entreprise devient plus prospère, elle devrait offrir une meilleure sécurité d'emploi, pourtant en pratique, c'est souvent l'inverse qui se produit : suppression des postes devenus inutiles, ce qui se solde par le licenciement de travailleurs ou la réallocation de ceux-ci à de nouveaux postes davantage en adéquation avec leurs compétences respectives.

MODÈLES PROCHES DU KAIZEN

Le Kaizen est souvent comparé à deux modèles japonais : le Kaikaku, outil d'innovation basé sur des changements radicaux, et le Hoshin, outil d'implémentation rapide basé sur le Kaizen. À plus large échelle, et afin d'éclairer nos lecteurs sur ces points, deux types d'organisation du travail sont ici également développés : le taylorisme et le fordisme. Ils se situent en réalité au même niveau que le concept du toyotisme, qui reprend lui-même la philosophie du Kaizen.

Le concept du Kaikaku

Provenant du Japon tout comme l'approche Kaizen, la démarche du Kaikaku est également une approche d'amélioration de la qualité. Son nom, communément traduit par l'expression « changement brutal » dans un processus (souvent de production pour en augmenter l'efficacité), reflète une volonté non plus d'amélioration continue mais bien d'innovation profonde. Bien que les deux philosophies présentent des similitudes (dont le fondement est l'amélioration), le Kaikaku n'est pas une méthode continue puisque les changements sont effectués et achevés dans le cadre d'un projet ponctuel avec un objectif précis.

L'approche Hoshin

Signifiant « management par percée », la démarche Hoshin est relativement proche de celle du Kaizen, mais, au contraire de celui-ci, reste limitée dans le temps. Le Hoshin, appelé aussi *Blitz Kaizen* (« Kaizen éclair »), repose sur des changements stratégiques très précis mis en place très rapidement. Dans la majorité des cas, l'objectif est de répondre dans un temps limité à une concurrence importante. Le concept diffère du Kaizen notamment sur le plan de la prise de décision qui se fait au niveau managérial et non au niveau des groupes d'employés autonomisés.

Le taylorisme

Le taylorisme est une organisation scientifique du travail originaire des États-Unis, où les méthodes et gestes des ouvriers sont étudiés et millimétrés afin de les optimiser. Lancé par Frederic Taylor à la fin du XXe siècle, bien avant donc que ne soit conceptualisé le Kaizen, ce système cherche à augmenter les gains en passant par une optimisation de la productivité et des améliorations des conditions de travail pour les ouvriers. Dans les faits, cela implique que chaque ouvrier travaille sur des tâches simples, standardisées et répétitives.

Le fordisme

Tirant son nom de l'industriel américain Henry Ford (1843-1947), cette organisation du travail basée sur les postulats du taylorisme est d'application dans l'usine Ford lors de son lancement vers 1905. Aujourd'hui quasiment abandonnée, elle visait à l'époque une production de masse de produits standardisés (tels que la fameuse Ford T), induisant un travail à la chaîne, et donc une meilleure productivité. Les conditions de travail des ouvriers de Ford ont toujours été difficiles et peu améliorables ; seuls les salaires pouvaient être source de motivation.

- Le Kaizen est une démarche d'amélioration continue introduite par Taiichi Ohno, un ingénieur japonais également concepteur de l'organisation du travail appelée « ohnisme » ou « toyotisme ». Cette philosophie prône la gestion de la qualité, la suppression des gaspillages et l'amélioration de la production.
- La méthode Kaizen est applicable dans la majorité des entreprises, et permet de procéder à de rapides et minimes améliorations dans un laps de temps relativement court, et pour un budget restreint.
- Une des conditions de réussite les plus importantes d'un chantier Kaizen est la motivation et la participation de l'ensemble des travailleurs dans le projet. Les ouvriers et les employés, qui sont directement concernés, doivent être les principaux acteurs de la démarche Kaizen et de la recherche de solutions appropriées.
- Les applications de la démarche en entreprise couvrent les préoccupations suivantes :
  - l'amélioration de la qualité ;

- la suppression des gaspillages ;
- la réduction des coûts de production et de maintenance ;
- l'augmentation de la production ;
- et enfin l'amélioration des conditions de travail.

- La méthode Kaizen permet de mettre en place des changements limités et en douceur, ce qui amoindrit la pression que ressentent les travailleurs. La rapidité de mise en application des points d'amélioration et de l'obtention des résultats est d'ailleurs particulièrement appréciée. Le Kaizen permet également de maintenir la motivation des équipes et d'éviter un maximum de risques (financiers et techniques) puisque sont d'emblée éliminées les innovations longues et parfois incertaines. Finalement, la réussite d'un chantier Kaizen repose davantage sur la participation active et l'état d'esprit positif des collaborateurs plutôt que sur des investissements financiers.

- Les critiques de l'approche pointent, quant à elles, le manque d'innovation dans les changements, le besoin d'une culture d'entreprise forte et la répartition parfois inéquitable des gains du Kaizen (aspect social).

- Le *Kaikaku*, qui signifie « changement brutal » (ou radical), est une démarche qui prend le contrepied de celle du Kaizen. Il se focalise sur les innovations profondes, plutôt que sur de petites améliorations.
- Enfin, le Kaizen est une démarche qui nécessite d'autres outils pour fonctionner. Ceux-ci, bien souvent issus du toyotisme, agissent au niveau de la gestion de la qualité, de la logistique en flux tendu, de la réorganisation des espaces de travail ou encore de la maintenance des machines.

Votre avis nous intéresse !
Laissez un commentaire sur le site de votre
librairie en ligne et partagez vos coups de cœur sur
les réseaux sociaux !

POUR ALLER PLUS LOIN

SOURCES BIBLIOGRAPHIQUES

- CHAOUI (Kamel), *Le concept-clé du zéro défaut en qualité*, Annaba, Université Badji Mokhtar, 2004.

- CHARRAUD (Pierre), *Le Kaizen du service pièces en concession*, Paris, Télécom ParisTech, 2009.

- GRANGER (Raphaële), « Les 5S : Seiri, Seiton, Seiso, Seiketsu, Shitsuke », in *Manager Go!*, consulté le 25 mai 2015.
  http://www.manager-go.com/management-de-la-qualite/methode-5s.htm

- HOHMANN (Christian), « Kaizen amélioration continue », in *Christian Hohmann*, consulté le 25 mai 2015.
  http://christian.hohmann.free.fr/index.php/lean-entreprise/lean-management/289-kaizen-amelioration-continue

- HOHMANN (Christian), « La méthode SMED », in *Christian Hohmann*, consulté le 25 mai 2015.
  http://chohmann.free.fr/lean/smed_fr.htm

- ISHIKAWA (Kaoru), *La gestion de la qualité*, Paris, Dunod, 1984.

- KAMATA (Satoshi), *Toyota, l'usine du désespoir*, Paris, Demopolis, 2008.

- LIKER (Jeffrey), *Le modèle Toyota*, Paris, Pearson Education, 2012.

- LUXINNOVATION, « Diagramme d'Ishikawa. Diagramme cause-effet », in *LuxInnovation*, 2008, consulté le 25 mai 2015. http://www.innovation.public.lu/fr/ir-entreprise/techniques-gestion-innovation/resolution-probleme/080629-Diagramme-Ishikawa-fran.pdf

- OHNO (Taiichi), *L'esprit Toyota*, Paris, Masson, 1990.

- OHNO (Taiichi) et MITO (Setsuo), *Présent et avenir du Toyotisme*, Paris, Masson, 1992.

- PORTER (Leslie J.) et PARKER (Adrian J.), *Total Quality Management. The Critical Success Factors*, *Bradford*, University of Bradford Management Center, 2006.

- PROCESSUS QUALITÉ, « L'approche Kaizen », in *Processus Qualité*, consulté le 25 mai 2015. https://processusqualite.wordpress.com/lapproche-kaizen/

- RÉGOL (Olivier) et BÉLANGER (R. Paul), *Le Kaizen : ses principes et ses conséquences pour les ouvriers et syndicats*, Montréal, Les cahiers du CRISES, 2003.

- « Toyotisme », in *HenriFord.fr*, consulté le 25 mai 2015. http://www.henryford.fr/fordisme/toyotisme/

SOURCES COMPLÉMENTAIRES

- BALLÉ (Michael), *Lean = Kaizen + Respect*, Institut Lean France, 2012. https://www.youtube.com/watch?v=OfswK6ebrt8

- IGNACE (Marie-Pia), *Lean Services*, Institut Lean France, 2013.
https://www.youtube.com/watch?v=aRQI9JAI-I4

ISBN ebook : 978-2-8062-6412-1
ISBN papier : 978-2-8062-6413-8
Dépôt légal : D/2015/12603/186
Couverture : © Primento

Conception numérique : Primento, le partenaire numérique des éditeurs